Eduard von Hartmann

Shakespeare's Romeo und Julia

Eduard von Hartmann

Shakespeare's Romeo und Julia

ISBN/EAN: 9783743352636

Hergestellt in Europa, USA, Kanada, Australien, Japan

Cover: Foto ©ninafisch / pixelio.de

Manufactured and distributed by brebook publishing software (www.brebook.com)

Eduard von Hartmann

Shakespeare's Romeo und Julia

SHAKESPEARE'S

ROMEO UND JULIA.

VON

EDUARD VON HARTMANN.

LEIPZIG,
JOHANN FRIEDRICH HARTKNOCH.
1874.

SHAKESPEARE'S

ROMEO UND JULIA.

———

VORWORT.

Nachfolgende Betrachtungen waren ursprünglich nur für den Rahmen einer Zeitschrift bestimmt, und wurden demgemäss zuerst in der von Oskar Blumenthal herausgegebenen „Deutschen Dichterhalle" veröffentlicht. Einem Wunsche der Verlagshandlung entsprechend, welche mit diesem Aufsatz eine Serie literarischer Essays zu eröffnen beabsichtigt, übergebe ich denselben hiermit als gesonderter Abdruck, mit der Bitte um nachsichtige Beurtheilung. Derselbe beansprucht keineswegs eine erschöpfende Würdigung des Shakespeare'schen Drama's darzustellen, sondern beleuchtet dasselbe nur nach einer bestimmten Richtung, welche mir freilich für die poëtische Wirkung des Ganzen höchst wesentlich zu sein scheint. Einige Monate vor dem Erscheinen von Benedix's Shakespearomanie niedergeschrieben, schien in letzterem Werke kein Anlass zu Aenderungen gegeben; denn Benedix lässt den bei mir maassgebenden Gesichtspunkt ganz ausser Acht, stimmt aber im Uebrigen sowohl in Betreff des hohen dramatischen Effekts dieser Dichtung als auch in Betreff einzelner Ausstellungen gegen die Führung der Handlung mit mir überein.

Berlin, im Februar 1874.

Der Verfasser.

Romeo und Julia ist unstreitig eines der wirksamsten Bühnenstücke Shakespeare's, aus der Zeit seines Schaffens, wo die jugendliche Begeisterung des Dichters noch in ganzer Frische und Unmittelbarkeit wirkte und doch schon mit der vollen Reife geistiger Entwickelung sich paarte; die dramatische Schlagkraft dieser Tragödie hat sich überall und vor jedem Publikum bewährt, und es liegt mir fern, diesen Werth des Drama's anzweifeln zu wollen. Eine andere Frage aber ist es, ob diejenigen Recht haben, welche in „Romeo und Julia" das dramatische „Hohelied der Liebe", den erschöpfenden poetischen Ausdruck dieser weltbewegenden Leidenschaft, die erotische Musterdichtung nicht nur für ihre, sondern für alle Zeit sehen wollen. Ist die Liebe zwischen Romeo und Julia die tiefe Liebe des Gemüths, die das Ideal der germanischen und speciell der deutschen Denk- und Empfindungsweise ausmacht, oder ist sie nicht vielmehr die Erregung der phantasieumkränzten Sinnengluth eines heissblütigeren und leichtlebigeren Volksstammes, dem Shakespeare seine Fabel entlehnte? Kann die Dichtung des grossen Briten unserm modernen deutschen Gefühl als Darstellung des Ideals unserer Liebe genugthun, oder werden wir nicht genöthigt sein, eine Fremdartigkeit der hier gegebenen Erscheinung zu constatiren, welche sich zum Theil durch eine Vertiefung und Verfeinerung unserer Anschauungen über das Wesen der Liebe seit dem Elisabethinischen Zeitalter erklären würde? Die Beantwortung dieser Fragen hat nicht nur eine ästhetische Bedeutung, sondern kann auch durch ihre praktischen Folgen insofern von Wichtigkeit werden, als ein durch die ersten Autoritäten gestützter, allgemein verbreiteter irriger Glaube an die Reinheit der von Shakespeare hier verkörperten Idee der Liebe wohl im Stande ist, eine schädliche Rückwirkung auf das Zartgefühl unseres autoritätsgläubigen Volkes zu üben, und den feineren Tact seiner eigenartigen und höheren Cultur zu verwirren und zu depraviren. Es soll deshalb die Aufgabe der nachstehenden Betrachtungen sein, der Lösung der angeregten Fragen näher zu treten.

Zu diesem Zweck werden wir uns wesentlich auf die Beurtheilung der beiden Hauptpersonen beschränken dürfen, und die Nebenfiguren des Stücks um so mehr ausser Acht lassen können, als die meisten Commentatoren darüber einig sind, dass der Dichter die Umgebung absichtlich zu einem wilden Unkrautgehege gestaltet hat, aus dem die Liebenden als Blumen, zu einem Sumpf, aus dem sie als Lilien sich um so stärker contrastirend abheben sollen. Es ist freilich ein abstossendes Gemälde von sittlicher Rohheit und Verwilderung, das diese händelsüchtige Aristokratie uns bietet, und wenn auch der Contrast mit der Liebesidylle dem Zwecke der Dichtung günstig sein muss, so muss man andrerseits doch schon darüber bedenklich werden, wie bei dem eigenthümlichen Ton, der z. B. im gräflich Capulet'schen Hause herrscht, Julia zu einem anständigen und unschuldigen Mädchen habe heranwachsen können: Der Vater ein derb gutmüthiger alter Herr, der sich bei der geringsten Kreuzung seiner Laune

„in die widerwärtige Gestalt des grauhaarigen Brausekopfes, der bejahrten Thorheit" verwandelt (Kreyssig, Vorl. üb. Shak. II. 195), und sein Kind auf das Roheste beschimpft, weil es seiner bizarren Laune nicht sofort gehorchen mag (vgl. Romeo Act III. Sc. 5), — die Mutter eine kalte Persönlichkeit, welche die bei ihr Schutz suchende Tochter hart und frostig zurückweist (ebenda: „Du gehst mich nichts mehr an") und in landesüblicher Weise Giftmörder für ihre Feinde dingt, — die Wärterin eine Fratze von Weibsbild voller Zoten, deren bildendem Umgang das Kind von den Eltern wohl allermeist überlassen worden war. Denn die Mutter hat sich sicherlich um ihre Erziehung so gut wie gar nicht gekümmert, der Vater aber hat sie durch sein abwechselndes Hätscheln und Poltern nur verderben, nicht erziehen können; die Amme war also das einzige Wesen, an welches das arme Kind sich näher anschliessen konnte, und man kann sich denken, nach welcher Richtung da besonders seine Interessen geweckt und seine Kenntnisse gemehrt wurden. Die Früchte dieses Lehrcursus werden wir später in dem Monolog vor der Hochzeitsnacht deutlich genug zu Tage treten sehen. Andrerseits aber theilte Julia damit nur das Schicksal ihrer Standes- und Zeitgenossinnen, und hatte daher kein Recht, sich über ihre Eltern besonders zu beklagen, um so weniger, als diese ihr nie etwas Leides gethan, sondern sie auf ihre Weise ohne Zweifel geliebt hatten, wie auch aus ihren stürmischen Klagen um die Todtgeglaubte (Act IV, Sc. 5) deutlich hervorgeht. Von Seiten Julia's wird aber diese Liebe keineswegs entsprechend erwidert; sie ist geradezu herzlos gegen ihre Eltern, wenn sie lieber diese beiden todt wünscht, als dass ihr Vetter von Romeo's Hand gefallen (III. 2), oder wenn sie statt offenen Bekenntnisses ihrer heimlichen Ehe oder statt einfacher Flucht sich kein Gewissen daraus macht, durch den Schein ihres plötzlichen Todes ihre Eltern in tödtlichen Schrecken und Kummer zu versetzen, ja nicht einmal ein flüchtiges Bedauern für den Schmerz ihrer alten Eltern übrig hat. Wenn aber ein Mädchen ersichtlich kein Gemüth für ihre Eltern hat, und sich lieblos gegen diese benimmt, so ist von vornherein der Zweifel gerechtfertigt, ob sie mehr Gemüth für den Mann ihrer Wahl haben werde, oder ob ihre Liebe für diesen nicht aus anderen Quellen als aus der Tiefe des Gemüths stamme, und ob dem entsprechend dieselbe auch dann noch sich als stichaltig erweisen werde, wenn bei dem Gatten der Affect verflogen ist.

Werfen wir nunmehr auch auf Romeo einen orientirenden Blick, so erscheint er zunächst als ein seufzender, schmachtender, nächtlich Wald und Hain durchirrender, Tags sich in seine Kammer verschliessender Träumer und Schwärmer. Er liebt eine reife Schöne, doch diese

„wusste wohl, Dein Lieben
Sei zwar ein köstlich Wort, doch nur in Sand geschrieben,"

wie Lorenzo treffend bemerkt. So gross die Erregbarkeit dieses Sanguinikers auf zusagende Motive ist, so gering ist die Nachhaltigkeit seines Wollens. Er ist ein „Flattergeist", der nicht bei einem Gefühl oder bei einer Bestrebung Stand halten kann, sondern ganz unvermuthet, wenn man sie eben noch sein ganzes Wesen ausfüllend wähnt, zu einer andern überspringt, wo dann die früheren Ziele und Gefühle so spurlos verwischt sind, als wären sie nie gewesen (vgl. Lorenzo's Rede II. 3). Eine solche Temperamentsbeschaffenheit ändert sich aber nicht von heute auf morgen, sondern so gewiss er Rosalinden mit Julia vertauschte, so gewiss würde er nach einiger Zeit von

Julia zu einer neuen Schönheit umspringen. Den ersteren Umschlag entschuldigt er selbst damit, dass Rosalinde ihn vergebens schmachten liess und Julia ihn erhörte (II, 3); seinen späteren würde er vielleicht damit entschuldigen können, dass er nach dem ewigen Einerlei einer glücklichen Liebe nun auch wieder einmal einer unglücklichen bedürfe. Bei einer solchen Eventualität würde ohne Zweifel auch Julia sich ihrer Verpflichtungen entbunden erachtet haben; d. h. wenn sie sich „gekriegt" hätten, so würde die Ehe ganz sicher denselben Charakter getragen haben, wie die damaligen Durchschnittsehen der italienischen Aristokratie *). Es ist nicht unwichtig, sich solche Fortsetzung des Drama's auszumalen, da es dazu beiträgt, die Divergenz dieses Liebesverhältnisses mit unserm heutigen Ideal klarer zu machen; bei letzterem kommt hinter dem Fallen des Vorhangs vielleicht eine noch viel philiströsere Prosa als bei der eben erwähnten Perspective, aber im Leben hat eben die Prosa auch ihr Recht und hindert keineswegs, dass das poetische Vorspiel derselben sich noch weit poetischer gestaltet, als das Vorspiel einer italienischen Ehe mit Dolch, Gift und Cicisbeat.

Romeo ist ein Prototyp jener Helden von Liebesgeschichten, die keine Helden sind. D. h. er ist von guter Geburt und Erziehung, von feinen Sitten, er ist chevaleresque, führt eine gute Klinge und weiss die Worte zu setzen, hat Phantasie, esprit, élan, générosité und noblesse, es fehlt ihm nur eines — die Männlichkeit. Lorenzo ruft ihm (III, 3) mit Recht zu: „Bist Du ein Mann?.. Deine Thränen sind weibisch;.. entartet Weib in äussrer Man-

---

*) Noch heute behält sich im Ehecontract der Mann häufig ein Vetorecht gegen die Cicisbeowahl der Frau vor, sanctionirt also damit zugleich das Institut als solches.

nesart! .. Du schändest Deine Bildung, Deine Liebe und Deinen Witz ... wie ein ungezognes, laun'sches Mädchen schmollst Du mit Deinem Glück und Deiner Liebe." Wie er vorher um Rosalinde sich gehärmt und abgezehrt hat, so tobt er jetzt um Julia, stets bereit die Waffen von sich zu schleudern und sich verzweifelt auf den Boden zu werfen (III, 3). Die Art und Weise, wie er Lorenzo's Ankündigung seiner Verbannung aufnimmt, ist nur dann vom Dichter wahrheitsgetreu gezeichnet, wenn Romeo als ein Schwächling vorausgesetzt wird. Nicht übergewaltige, sich selbst überstürzende Kraft, sondern an sich selbst verzweifelnde Schwäche ist es, wenn er jedem neuen Hinderniss gegenüber Miene macht, sich des weiteren Kampfes mit dem Schicksal durch Selbstvernichtung zu entheben, und Schwäche ist es, wenn er in unzurechnungsfähiger Voreiligkeit sich an Julia's vermeintlicher Leiche den Tod giebt, ohne über die Schnelligkeit dieses Todesfalls zu erstaunen, ohne über das frische Aussehn der dem Erwachen nahen Gattin zu stutzen, ohne über die Combination dieser auffallenden Umstände mit der von den alten Capulets geplanten Verheirathung Julia's bedenklich zu werden, und ohne vor allen Dingen bei Bruder Lorenzo Aufschluss über diese wunderbaren Ereignisse zu suchen, den er doch brieflich erwartet (V, 1) und noch nicht erhalten hatte.

Die Commentatoren sehen in alledem wesentlich die furchtbare Macht der Leidenschaft in Romeo (Gervinus Shak., 4. Aufl. I, 287); aber dies ist eine sehr unrichtige Auffassung des Wortes „Leidenschaft", welches mit „Pathos" übereinstimmt und nicht mit „Affekt" verwechselt werden darf, wozu die Bedeutung der Ableitungsform „leidenschaftlich" verleiten kann. „Wir verachten die Leidenschaftlichkeit (d. h. das Hingegebensein an die Affekte) desshalb, weil sie Charakterschwäche ist, weil die Natur in ihr den Geist völlig überwiegt; sie ist die Unmacht des Menschen über sich selbst. Die Leidenschaft ist es aber gerade, die dem Menschen die ungeheuerste Macht über ihn selbst giebt" (O. Ludwig, Shak.-Studien S. 462).

„Denn vom Affekte ist zu sagen, dass er weder erwogen noch besonnen sei, aber nicht von der Leidenschaft; vielmehr liegt ja eben auf der einen Seite die Grossartigkeit und beziehentlich die Schönheit, auf der andern das Gefährliche und Dämonische der Leidenschaft in ihrer Besonnenheit. Die Leidenschaft macht sogar den, den keine Vernunft besonnen macht, den Leichtsinnigen und seiner sonst Unmächtigen besonnen, und ihr Hauptunterschied vom Affekte ist eben jene bewusste Kraft, durch die sie den stärksten Affekt besiegen oder wenigstens zurückdrängen kann. Sie ist die consequente Richtung auf ein Object, eine Richtung von solcher Kraft, dass sie nicht allein der denkenden Kraft, wo diese sich ihr entgegenstellt, den Gehorsam verweigert, sondern sie übermächtig in ihren Dienst zwingen kann" (ebd. S. 460). Nur für das zu ihr ausser Beziehung Stehende macht die Leidenschaft blind, für das fördernd oder hemmend auf sie Einfluss habende aber schärft sie den Blick und das Urtheil. „Eine (poetische) Gestalt, wie ein wirklicher Mensch wird um so imposanter sein, je mehr er ein Leidenschaftsmensch ist, um so weniger imposant, als er ein Affektmensch ist." An diesem Maasstabe gemessen, hätte Otto Ludwig den Romeo als einen wenig imposanten Affektsmenschen bezeichnen müssen; denn besässe Romeo eine wirkliche Energie der Leidenschaft, so würde ihm eben diese die ihm von Natur fehlende Kraft der Selbstbeherrschung verliehen und ihn vor der Blindheit des blossen Affekts bewahrt haben, die ihn in völlig unzurechnungsfähiger Weise die durchaus zu Gunsten der eventuellen Leidenschaft liegende Situation verkennen, die naheliegendste Vorsicht versäumen und Hals über Kopf die Flinte ins Korn werfen lässt. Nur wo unmännliche Charakter-Schwäche und der Mangel einer tieferen Leidenschaft zusammentreffen, nur da kann überhaupt der Affekt ein Gehirn bis zu diesem Grade umnebeln.

Ohne Zweifel ist es das allgemeine Ziel der Tragödie, zu zeigen, wie eine bestimmte Leidenschaft, die Harmonie der Seele zerbrechend und alle übrigen Geisteskräfte in ihren Dienst zwingend, in ihren Folgen ihren Träger zerstört; gewiss ist es demgemäss die Aufgabe einer Tragödie der Liebe, zu zeigen, wie diese mächtigste aller Leidenschaften in ihrer rücksichtslosen Zurückdrängung anderer berechtigter Lebenselemente ihre Träger vernichtet; aber der Untergang des Helden muss der Untergang eines wirklichen Helden, oder doch eines echten Mannes, nicht eines weibischen Schwächlings sein und muss Folge seines zweckmässig aber rücksichtslos auf die Befriedigung seiner Leidenschaft gerichteten thatkräftigen Handelns sein. Diese Aufgabe hat Shakespeare in Romeo nicht erfüllt, der kein Mann, sondern ein Schwächling ist, und der nicht dadurch untergeht, dass er mit eiserner, übergewaltiger Willensconsequenz seine Leidenschaft im Kampfe mit andern berechtigten Lebensmomenten zu behaupten und zum Siege zu führen sucht, sondern daran, dass er, jeder männlichen Energie und Besonnenheit bar, sich zum willenlosen Spielball des Zufalls hergiebt und einem der vielen Augenblicke entmannter Schwäche erliegt.

Und doch wirkt das Stück so grossartig? So wird

der Leser mich fragen. Es wirkt deshalb, weil es so reich ist an Affekt, der eben den dramatischen Effekt erzielt, und weil das Publikum sich grösstentheils an diesem Effekt genügen lässt, ohne tiefere ästhetische Anforderungen zu stellen, oder aber, wenn es solche stellt, sich wie unsre grossen Kritiker auch vorredet, dass dieselben erfüllt seien. Ausserdem erfordert die Gerechtigkeit zu sagen, dass in Julia in der That eine Leidenschaft im obigen Sinne sich entfaltet. Wenngleich auch sie oft das Nächstliegende übersieht, so ist sie doch eben auch kein Mann, sondern ein Mädchen oder vielmehr Kind, und handelt nach dem Rath ihres Beichtvaters; aber sie verfolgt consequent und besonnen mit den ihr als zweckmässig empfohlenen Mitteln das Eine Ziel: Vereinigung mit dem Geliebten; erstarkt und reift an dieser Aufgabe vom Kinde zum unerschrockenen Weibe, und giebt sich erst den Tod, als sie den Zweck ihres Lebens wirklich verloren sieht. Ob aber auch bei ihr diese Leidenschaft mehr ist als eine durch Phantasie und Esprit veredelte sinnliche Gluth, das ist erst weiterer Erwägung zu unterwerfen.

Es ist als ein besonders feiner Zug gerühmt worden, dass Shakespeare den Romeo nicht aus ungerührtem Herzenszustande, sondern aus einer andern Liebe in die Liebe zu Julia eintreten lässt. Diese Bemerkung wäre ganz richtig, wenn wirklich beide Liebesverhältnisse so deutlich als verschieden gezeichnet wären, dass die erste Liebe der zweiten ein Relief durch ihren Contrast gäbe. Dass ein derartiger Unterschied besteht, muss ich indess bestreiten; vielmehr liegt die ganze Verschiedenheit der Gefühle Romeo's nur in den verschiedenen Verhältnissen der erwiderten und nicht erwiderten Neigung. Wie Kreyssig dazu kommt, das Verhältniss zu Rosalinden als den „Paroxysmus einer regelrechten Primaner-Liebe" (II, 198) zu bezeichnen, ist, wenn er nicht gleich auch sein Verhalten zu Julia als dumme Jungenstreiche eines unreifen Primaners bezeichnen will, nur daraus zu verstehen, dass er den von ihm gewünschten Contrast hineinzuinterpretiren sucht. Thatsächlich schwärmt Romeo genau auf dieselbe Weise für beide, nämlich phantastisch-sinnlich und unfähig, sich zu einer That aufzuraffen. Es sind Phrasen von dem gleichen Schlage, mit denen er am Schluss der 1. und 2. Scene des I. Aktes Rosalindens und auf dem Balle Julia's Schönheit bei ihrem ersten Anblick preist, und etwas anderes als äusserliche Leibes-Schönheit weiss er auch von seiner Julia im Verlauf des Stücks nicht zu rühmen. Wäre er zufällig auf dem Balle statt Julia nur Rosalinden begegnet, und wäre diese, von seinem Werben endlich gerührt, in gleicher Weise wie Julia ihm auf halbem Wege entgegengekommen, so würde er wohl ziemlich dieselben Worte an sie gerichtet haben wie an Julia, und auch die späteren Scenen hätten sich in gleicher Weise abspielen können. Hätte Rosalinde ihn, ehe er Julia gesehen, wie diese aufgefordert, sie zu heirathen, so würde er es mit dem gleichen Feuer besorgt, sich bei einer Trennung ebenso unsinnig angestellt, und an ihrer Leiche ebenso vorschnell zum Selbstmord gegriffen haben. Diese Behauptungen schliessen nicht aus, dass Julia ein viel höher stehendes weibliches Wesen als Rosalinde sei, die vielleicht als alternde Kokette zu denken; nur das wird behauptet, dass ein überspannter Liebhaber vom Schlage Romeo's in seiner Liebesblindheit unfähig war, einen solchen Unterschied, wenn er bestand, zu bemerken, und dass es nur eines Entgegenkommens von Seiten seiner ersten Geliebten bedurft hätte, um ihn bis zu dem so wie so unvermeidlichen

Durchbruch seines Wankelmuths ebenso fest an diese, wie später an Julia zu ketten. Ich kann deshalb nicht finden, dass Romeo's erste Liebe die zweite als contrastirendes Gegenstück hebt; ich glaube, dass Shakespeare sie einfach deshalb aus seinen Quellen in das Drama mit herübergenommen hat, weil dieses unmännliche Schmachten und der plötzliche unmotivirte Umschlag vorzüglich geeignet sind, den schwächlichen und haltlosen Charakter Romeo's von vornherein dem Zuschauer klar zu machen, eine Vorbereitung, ohne welche sein späteres Verhalten noch mehr frappiren würde, als es jetzt schon thut.

Was in dieser Auffassung noch bestärken kann, ist der Umstand, dass Shakespeare es offenbar absichtlich unterlassen hat, dem plötzlichen Umschlag der Gefühle Romeo's irgend welche feinere psychologische Motivirung unterzulegen; es sollte gleichsam kein Zweifel darüber bestehen bleiben, dass, abgesehen von dem mitwirkenden dépit d'amour, nur der unerhörte Wankelmuth die innere Ursache dieser Aenderung des Gegenstandes der Sehnsucht ist. Akt II, Sc. 2 sagt er noch:

„Ein schön'res Weib als sie? Seit Welten stehn,
Hat die allsehnde Sonn' es nicht gesehn."

Aber schon in Sc. 5 ruft er aus:

„Liebt' ich wohl je? Nein schwör' es ab, Gesicht!
Du sahst bis jetzt noch wahre Schönheit nicht."

Und doch sagt der eigne Vater des Mädchens (I, 2):

„Sie zählt für Eine mit, gilt sie schon nicht für schön."

Lorenzo hat ganz Recht, ihn für seinen „Unbestand" und die Plötzlichkeit seines Umschlags gehörig abzukanzeln (III, 3):

„Ein Weib darf fallen, wohnt in Männern solche Schwäche."

Geben wir nun zu, dass der Umschlag durch dépit d'amour

und Charakterschwäche hinreichend begründet sei, so können wir doch noch nicht das Gleiche einräumen von der plötzlichen Gewalt, mit der die neue Liebe die sich begegnenden Seelen erfasst. Es ist wahr, dass in südlichen Ländern und sinnlich heftigen Volkscharakteren, wo die Geschlechtsliebe wesentlich nur durch äussere, körperliche Eigenschaften geweckt wird, ein solches plötzliches Auflodern derselben durch eine erste Ballsaalbegegnung möglich ist, und dass es auch unter uns heute noch genug Naturen giebt, bei denen die Liebe sich in dieser äusseren sinnlichen Anziehung der Hauptsache nach erschöpft. Wir können aber nicht zugeben, dass diese Entstehungsweise dem Ideal unserer modernen deutschen Liebe entspricht, welche weit mehr auf einer polaren Ergänzung der Eigenschaften des Gemüths und Geistes (Männlichkeit und Weiblichkeit, Reflexion und Intuition) als des Leibes und seiner Schönheit beruht. Um solche geistige Uebereinstimmung in gegensätzlicher Ergänzung zu erkennen, bedarf es aber mehr als flüchtigen Sehens auf einem Balle, wo die Weiber auch unmaskirt doch alle mehr oder weniger conventionelle Masken zur Schau tragen, — bedarf es eines wirklichen Kennenlernens. Nun giebt es allerdings Situationen, welche dazu angethan sind, ihren Zeugen mit einem Schlage mehr von dem Charakter und Gemüth eines Menschen zu enthüllen, als unter andern Umständen ein längerer Verkehr, und es ist Aufgabe des Dichters, seine Helden in solche charakteristische Situationen zu bringen[*]), um schnelle und prägnante Entwickelung der Gemüthsbewegungen zu erzielen; aber Shakespeare macht hierzu gar keinen Versuch,

---

*) Man denke z. B. an den von Kaulbach veranschaulichten Eintritt Werthers bei der für ihre kleinen Geschwister Brod schneidenden Lotte.

da eine Ballscene am allerwenigsten dazu taugt, während nach derselben der Affekt bei beiden schon so hoch als möglich auflodert. Ein deutscher Dichter würde in solcher Lage zum Mindesten bemüht gewesen sein, die Liebenden durch Schilderung des gegenseitig empfangenen physiognomischen Eindrucks ihre Gemüthsbeschaffenheit erschliessen und so ihre Liebe geistig begründen zu lassen; aber selbst diesen immerhin unvollkommenen Ersatz einer wirklichen Bekanntschaft lässt Shakespeare sich entgehen, und lässt Romeo durchaus nur die äusserliche Leibesschönheit Julia's mit recht hohlen Phrasen preisen (vgl. I, 5 beim ersten Erblicken, und II, 2 Anfang).

So ist denn diese Liebe recht eigentlich eine plötzlich auflodernde Sinnlichkeit, deren metaphysischer Trieb sich nur auf äusserliche Schönheit und körperliche Zusammengehörigkeit stützt; sie entbrennen für einander, ohne sich zu kennen, also auch ohne Vertrauen zu einander haben zu können. Diese mangelnde Bekanntschaft rächt sich bei verschiedenen Gelegenheiten, so z. B. wenn Julia in einem Athem mit der Aufforderung zur Heirath ihren Zweifeln an der Redlichkeit seiner Bewerbung Worte leiht, oder wenn sie bei der Nachricht von der Tödtung Tybalt's durch ihren Geliebten den letzteren mit Vorwürfen eines Misstrauens überschüttet, das dann freilich schnell wieder einer ebenso unmotivirten Vertrauensseligkeit weicht. Dieses haltlose Schwanken zwischen Extremen ist der gerade Gegensatz jenes ruhigen unerschütterlichen Glaubens an den Geliebten, selbst unter den erschwerendsten Umständen, den nur die überzeugende Kenntniss von dem Adel seines Gemüths und der Energie und Stätigkeit seines Willens zu geben vermag (vgl. z. B. Lope de Veja's „Stern von Sevilla"). Freilich war es in dem gegebenen Falle für die

Liebe sehr gut, dass die Liebenden sich nicht in diesem Sinne innerlich kennen lernten, denn sonst hätte sie in ihm einen Mann ohne Männlichkeit und er in ihr ein Weib ohne Weiblichkeit, d. h. ohne weibliches Zartgefühl erkennen müssen, also jeder Theil grade das am andern vermisst, was er in aller erster Reihe sucht, wenn er in der Liebe überhaupt eine mehr als bloss leibliche Ergänzung sucht. Romeo's Mangel an Männlichkeit haben wir schon besprochen, Julia's Mangel an weiblichem Zartgefühl und jungfräulichem Schmelz aber haben wir erst noch zu begründen, da oben nur ihr gemüthloses Verhalten gegen ihre Eltern und die bedenklichen Seiten ihrer Erziehung zur Erwähnung gelangt waren.

Was zunächst den Kuss auf dem Balle anbetrifft, so mag immerhin die englische Sitte des 16. Jahrhunderts von den Frauen eine Begrüssung vornehmer Gäste durch Küssen fordern; eine andere Frage aber ist es, ob diese Sitte ein junges Mädchen autorisirte, in dem offnen Hause ihres Vaters einem ihr gänzlich unbekannten Tänzer diese Gunst zu gewähren. Sei dem, wie ihm wolle, so ist doch für unser Gefühl diese Kussscene verletzend; auch wer nicht so streng ist wie der alte Cato, dessen Töchter ihren Bräutigams dereinst einen jungfräulichen Kuss entgegenbringen sollten, den muss dieses Küssen auf offnem Balle zwischen Unbekannten doch nahe zu so fremdartig und abstossend anmuthen, als ob man ihm etwa zumuthete, die dramatische Darstellung von Haremssitten auf der Bühne in einer Tragödie ästhetisch zu goutiren. Ein Kuss zwischen Jüngling und Mädchen ist schon rein um seiner physiologischen Folgen willen durchaus nichts Unschuldiges, und die psychologischen Folgen dieses Irrthums können sehr erheblich und nachhaltig sein (vgl.

· Hieronymus Lorm's Novelle: „Philosophie eines Kusses" in der Sammlung: „Am Kamin" Bd. I). Auch in diesem Falle sind es wesentlich die getauschten Küsse, welche die Sinnlichkeit der heissblütigen Italienerin in solche Wallung versetzen, dass sie sofort der Amme erklärt:

> „Geh, frage wie er heisst. — Ist er vermählt,
> So ist das Grab zum Brautbett mir erwählt."

Dieses, mit der Thür in's Haus fallende, Geständniss an ein so gemeines Geschöpf wie die Amme ist, würde jedes deutsche Mädchen als eine rohe Selbstprostitution empfinden, vor der es sich lieber die Zunge abbisse.

Dass es nichts als Sinnlichkeit ist, was sie so in Flammen setzt, dafür bürgt die Form der Werbung, die sich an die verkünstelte Gedankendichtungsform des italienischen Sonetts anlehnt, und deren Gedankengang so geistreich verzwickt und so überfein auf Schrauben gestellt ist, dass man sich den Kopf zerbrechen muss, um ihn zu verstehen, und hernach sich noch nicht einmal sicher fühlt, ob man ihn genau verstanden hat. Solches Spiel des Witzes kann zur verstärkten Reizung der Sinnlichkeit prickelnd anregen, aber das Gemüth lässt es ebenso kalt, als sein Esprit selber gemüthlos ist. Gewiss ist es auch bei uns für gewöhnlich nicht Sitte, die erste Bekanntschaft mit Gemüthsexpectorationen einzuleiten, und auch wir pflegen den Geist als Angelhaken zur Anknüpfung zu benutzen, ehe das Gemüth zu Worte kommt; dafür wächst aber auch bei uns die Leidenschaft allmählich und organisch wie alles Grosse heran, während ein momentanes Auflodern nur ein ebenso plötzliches Erlöschen prognosticiren lässt.

Gehen wir zu der Gartenscene fort, so darf es uns nach Julia's Geständniss an ihre Amme freilich kaum noch

Wunder nehmen, dass sie ihre Bekenntnisse im Selbstgespräch fortsetzt.

„O Romeo!... schwör' Dich zu meinem Liebsten
Und ich bin länger keine Capulet!...
O Romeo, leg Deinen Namen ab,
Und für den Namen, der Dein Selbst nicht ist,
Nimm meines ganz!"

Ein Mädchen von einigem Zartgefühl würde sich scheuen, das süsse schmerzliche Geheimniss ihres Herzens auch nur den Lüften anzuvertrauen, sie würde fürchten, dass das Säuseln des Laubes es weiterplaudern könnte, geschweige denn, dass ein Lauscher im Garten oder an einem der Fenster des Hauses ihre Worte auffinge. Nun könnte man sich zwar darauf berufen, dass der Monolog im Drama ebenso wie die „bei Seite" gesprochene Bemerkung nur einen für den Zuschauer verkörperten Gedanken repräsentirt; diese Fiction lässt sich aber nur so lange festhalten, als die handelnden Personen auf der Bühne den Monolog nicht vernehmen. Wenn aber Romeo einfällt:

„Ich nehme Dich beim Wort"

und die weitere Handlung sich aus dem so belauschten Selbstgespräch entwickelt, so ist jene Fiction des nur für den Zuschauer verkörperten Gedankens rettungslos zerstört, also die hieraus geschöpfte Entschuldigung für Julia abgeschnitten; d. h. ihre Reden sind und bleiben provocirende Wünsche, die sie sich nicht genirt, vom Balcon in die Welt hinauszurufen. Da nicht abzusehen ist, wie Romeo in seinem thatenlosen Schmachten es angefangen hätte, sich der Tochter des feindlichen Hauses zu nähern, ehe er von ihrem Einverständniss mit seinen Absichten überzeugt war, so haben wir in diesem belauschten Monolog zugleich einen technischen Behelf zu sehen, durch den allein der Fortgang des Stückes ermöglicht wird. Hierdurch würde das Unzarte dieses Monologs, wenn auch nicht eine Entschuldigung, so doch eine gewisse Erklärung finden können, wenn nur nicht aus dem noch viel schlimmeren und trotzdem dramatisch ganz nutzlosen Geständniss an die Amme zur Evidenz hervorginge, dass Sh. das Unzarte und Unweibliche dieser Bekenntnisse gar nicht empfunden hat.

Als Romeo die so ihre Gefühle verrathende Julia plötzlich hervortretend beim Wort nimmt, müsste diese doch zum Wenigsten darüber tödtlich erschrocken sein, ihre geheimste Herzensergiessung von einem unberufenen Lauscher behorcht zu sehen, sie müsste vor Scham in die Erde sinken bei dem Gedanken, in dieser Weise dem Geliebten selber, dessen Stimme sie sogleich wiederzuerkennen glaubt, ihr tiefstes Innere entblösst zu haben. Nichts von alledem. Sie fragt nur, wer der in ihren Herzensrath sich Eindrängende sei, offenbar um die Bestätigung ihrer Vermuthung bemüht, dass sie das Glück gehabt, gerade von dem Rechten belauscht zu sein. Aber so weit entgegengekommen zu sein, ist ihr nicht genug; es fällt ihr nicht ein, abzuwarten, wie sich ihr Liebhaber nun weiter verhalten werde, und ihm nur so viel Athem zu gönnen, um auch seinerseits endlich einmal Anträge an sie zu richten. Wie ein Moltke der Liebe stürmt sie von einer genommenen Position zur andern, so dass sie sich gar keine Zeit lässt, der Werbung des Mannes zu harren, sondern mit Umkehrung aller Verhältnisse des Geschlechtslebens selbst als die Werbende auftritt.

„O holder Romeo, wenn Du mich liebst,
Sag's ohne Falsch!"

Worauf er sich natürlich zu jedem Schwur bereit erklärt. Er ist auch jetzt noch so bescheiden, nur ihren

Liebesschwur gegen den seinen zu verlangen. Sie aber hat daran nicht genug, sondern noch einmal wiederkehrend fordert sie ihn auf, sie zu heirathen, sobald und wo es ihm beliebt. Gervinus leugnet in diesem Schritte nicht „ein Heraustreten aus der weiblichen Natur", glaubt Julia aber dadurch vor Gott und Welt entschuldigt, dass sie nur die „grausame Wahl zwischen Nichtwiedersehen und ewigem Angehören hatte" (Bd. I, S. 280). Diess ist entschieden unrichtig, da Julia sich so frei in und vor der Stadt (z. B. zu kirchlichen Zwecken) bewegen kann, und an der Amme ein solches Musterstück von Gelegenheitsmacherin besitzt, dass sie beliebig viele Rendezvous mit ihrem Geliebten verabreden konnte. Die Feindschaft der Familien konnte einen solchen geheimen Verkehr nur begünstigen, da sie gerade den Verdacht von solchem Verhältniss der Kinder ablenken musste. Auch Kreyssig giebt zu, dass dieser Schritt „für eine erwachsene, wohlerzogene Dame in geordneten Verhältnissen nicht nur tragische Verschuldung — dass er geradezu unnatürlich und unzart wäre" (II, 203). Es ist wahr, dass Julia ein unerwachsenes, unreifes, übelerzogenes Kind ist; es ist wahr, dass ein halbwüchsiges Mädchen, wenn es einmal vorzeitig eine gewisse Grenze im geschlechtlichen Verkehr überschritten hat, sich viel haltloser, unweiblicher und schamloser zu benehmen pflegt, als eine reife Jungfrau; aber die Verantwortung für die Möglichkeit solcher Abwälzungen fällt auf den Dichter zurück, der die Figur der Julia als ein übelerzogenes Kind gestaltet hat, und derartige Entschuldigungen sind wahrlich am allerwenigsten geeignet, den Anspruch aufrecht zu erhalten, dass uns in diesem Drama unser heutiges Liebesideal verkörpert sei. Das geschlechtliche Interesse für knapp vierzehnjährige Backfische pflegt bei uns auf die pathologischen Neigungen abgelebter älterer Männer beschränkt zu sein. Wie weit die Anschauungen unsres Volkes mit den von der Dichtung bei den Zuschauern vorausgesetzten auseinandergehen, wird am besten durch den Umstand bewiesen, dass bei uns die Eheschliessung für Mädchen erst nach zurückgelegtem 16. Lebensjahre gestattet ist, und dass die Hochzeitsnacht Romeo's mit der noch nicht vierzehnjährigen Julia bei uns jetzt dem §. 176 des Reichsstrafgesetzbuchs verfallen würde. Man wende nicht ein, dass in Italien die Mädchen so viel früher reif werden. Erstens ist zu beachten, dass der Unterschied im Eintritt der Pubertät, wie die Physiologie nachgewiesen hat, bei weitem überschätzt wird, und die frühere Gestattung der Ehe in romanischen und slavischen Ländern weit mehr auf einer Unreife der Sitten dieser Völker beruht; zweitens bedeutet die wirklich statthabende Verfrühung der körperlichen Reife in den südlichen Ländern ein für immer Stehenbleiben auf dem Standpunkt einer gewissen geistigen und gemüthlichen Unreife oder Halbreife (wie diess noch deutlicher bei inferioren Menschenracen hervortritt). Ein vierzehnjähriges Mädchen ist auch in Italien geistig und gemüthlich noch ein Kind, und wenn sie in einem Augenblick einen Aufschwung zu frühreifem Ernst und Affekt zeigt, so wird sie trotzdem im nächsten Augenblick in Kindereien und Albernheiten zurückfallen.

Wenn ich oben anerkannt habe, dass bei Julia sich wirklich eine tiefere Leidenschaft entwickelt, so ist doch zu beachten, dass hier bei ihrem Heirathsantrag nur erst von einer übersprudelnden Aufwallung des Affekts die Rede sein kann. Der Affekt will wie ein launisches ungezogenes Kind Alles und sofort, oder gar nichts; die

Leidenschaft aber kann warten, wenn sie durch Geduld ihr Ziel sicherer und dauernder erreichen zu können einsieht (Jacob diente zweimal sieben Jahr um Rahel, und die Leidenschaft der Rache verschmäht es mitunter nicht, Decennien auf die rechte Gelegenheit zur Ausführung zu warten). Aber nehmen wir an, dass durch Warten die Chancen zur Befriedigung dieser Leidenschaft nicht verbessert worden wären (was bei den ernstlichen Bemühungen des Prinzen zum Friedenstiften mindestens zweifelhaft ist), geben wir also zu, dass ein Streben nach möglichst baldiger Vereinigung, nach möglichst schneller Leerung des Kelches, den neidische Mächte ihnen jeden Augenblick vom Munde reissen konnten, motivirt war, so bleibt unsrer Gefühlsweise das Verhalten der Liebenden dennoch fremd und unverständlich. Wollten sie, vereint durch kirchlichen Segen, sich für immer ganz und untrennbar angehören, so musste Romeo sein Weib bei ihrem Worte nehmen: „Ich folge durch die Welt Dir als Gebieter" (II, 2), um sie der Gewalt ihrer Familie zu entziehen, und jede mögliche Trennung bei eintretender Entdeckung zu verhindern. Zu diesem nächstliegenden Entschluss der landesüblichen Entführung kann aber Romeo sich nicht aufraffen, weil er überhaupt zu jeder Action unfähig ist; er kommt zu diesem Entschluss nicht einmal, als schon das Damoklesschwert der Bestrafung seines Todtschlags über ihm schwebt, ja sogar dieser Gedanke fällt ihm auch dann noch nicht ein, als er das Urtheil seiner Verbannung erfahren hat und über die Trennung ausser sich geräth. Ebensowenig denkt Julia daran, mit ihrem „durch die Welt Folgen" Ernst zu machen, als sie den in Todesgefahr schwebenden, ohnehin zur Flucht aus Verona genöthigten Geliebten nach der Hochzeitsnacht entlässt, oder als sie zu dem verzweifelten Mittel sich entschliesst, sich als scheintodt begraben zu lassen. Wenn sie sich keine Scrupel darum macht, ihre Eltern durch ihren Tod zu erschrecken und ihnen das einzige Ziel ihres Lebens zu rauben, so würde es ihr doch wohl noch weniger Bedenken gemacht haben, ihr Haus einfach zu verlassen; denn für eine künftige Versöhnung musste doch der herzlos und zwecklos vorgespiegelte Tod ein weit unübersteiglicheres Hinderniss sein, als eine einfache Flucht vor der aufgezwungenen Heirath mit Paris. Freilich wäre bei dem natürlichsten Wege einer ganz gemeinen Entführung unser Trauerspiel nicht in dieser Gestalt zu Stande gekommen; aber wir fragen erstaunt, warum die Leute nicht natürlich handeln, und weshalb der schwachherzige, für seine Person so ängstlich besorgte, und doch am Intriguiren so sehr seine Freude findende Bruder Lorenzo in der Beisetzung der Scheintodten ein Motiv hereinbringen muss, welches mehr an Victor Hugo'sche Schauer-Romantik als an Shakespeare's ernste Handlungsführung erinnert, in welchem selbst Gervinus „ein künstlich gewagtes Spiel" findet, das „mit einem Manne von so ungeheurer Leidenschaftlichkeit wie Romeo nicht zu spielen war" (I, 286), und welches uns in der Dupirung der Eltern (die keine Probe auf wirklich erfolgten Tod, keinen Wiederbelebungsversuch anstellen, ja nicht einmal vor der Beisetzung einen Arzt zu Rathe ziehen) eine geradezu unerträgliche Unwahrscheinlichkeit zumuthet.

Finden wir uns nun aber darein, dass die Liebenden ihre Sehnsucht nach ewiger und völliger Vereinigung durch gemeinsame Flucht zn realisiren unterlassen, so tritt das neue Bedenken hervor, dass für unsere Gefühls- und Denkweise die kirchliche Trauung in der gegebenen Situation keinen rechten Sinn mehr hat, dass dieselbe uns als ein äusserliches Spiel mit innerlich unerfüllten Formen erscheint, über welches die Liebenden den Muth haben sollten, sich auch noch hinwegzusetzen, nachdem sie sich über den Kern der Sache hinweggesetzt haben. Hoffen sie, durch ein fait accompli den späteren Zorn der Familien entwaffnen zu können, so genügt dazu entweder schon eine Entführung, oder es genügt auch die kirchliche Trauung nicht, wenn die Aristokratie ihren Einfluss zur Erwirkung einer Ungültigerklärung aus beliebigem Vorwande aufbietet. Uebrigens denken die Liebenden so wenig an die künftige Stellungnahme ihren Familien gegenüber, dass solche Erwägungen kaum einen Boden zu haben scheinen. . Wir empfinden es heute gleichsam als einen Makel der Schwäche und Gesinnungskleinheit, dass die himmelstürmende Leidenschaft, welche unbekümmert den inneren Frieden der Familien zerstört und die sociale Ordnung verletzt, vor der äusserlichen Form der Weihe durch einen unbefugter Weise zu dieser zweideutigen Gefälligkeit sich hergebenden Priester als vor einer selbst für sie unübersteiglichen Grenze den Nacken beugt. Uns ist die Ehe nicht mehr eine kirchliche, sondern eine sociale Institution. Wenn doch einmal die Einwilligung der Familien, der Segen der Eltern und die Oeffentlichkeit vor der Gesellschaft fehlt, so bleibt uns von der Ehe nichts als das Privatverhältniss zweier Individuen übrig, dessen Heiligkeit oder Unheiligkeit bloss noch von dem Charakter, dem sittlichen Ernst und der Gewissenhaftigkeit dieser Individuen abhängt, aber durch den Segen eines Priesters weder vermehrt noch vermindert werden kann. Dem entsprechend ist auch nach unsern Rechtsbegriffen die priesterliche Trauung unwirksam, der

Priester straffällig *) und die Ehe rechtsungültig, wenn die väterliche Einwilligung gefehlt hat; nach unsern ethischen Begriffen aber ist für den sittlichen Werth einer solchen Vereinigung die Mitwirkung eines Pfaffen erst recht gleichgültig. Wir wissen wohl, dass Italiener zur Zeit des Stückes anders gefühlt und gedacht haben, aber daraus folgt nur, dass, während wir die historische Richtigkeit dieses Zuges anerkennen, wir die Differenz der vorgeführten ästhetischen Erscheinung mit dem Standpunkt unseres modernen Bewusstseins um so schärfer empfinden müssen. Wir sehen in solcher heimlichen Ehe heute nur noch einen Selbstbetrug der Liebenden, welche, indem sie alle Vorausetzungen einer legalen Eheschliessung ungestüm überspringen, ihr Gewissen durch die Gefälligkeit eines Pfaffen einzulullen und sich die Rechtmässigkeit ihrer Ehe vorzuspiegeln verstehn. Sie setzen sich über die reell begründete Sitte hinweg, um mit all ihrer Kühnheit an einem künstlich eingeimpften Vorurtheil zu scheitern, das freilich den Vortheil bietet, ihnen den Bruch mit der Sitte zu beschönigen. Wer an dem Conflikt mit der Sitte als solchem einen ästhetischen Anstoss nehmen wollte, der würde verkennen, dass auf diesem, durch die einseitige Passion der Liebe herbeigeführten Conflikt eben die Entwickelung der ganzen Tragödie beruht, und ohne diesen oder einen ähnlichen Conflikt eben keine Tragödie möglich ist. Geht es nun aber doch einmal ohne solchen Conflikt zwischen Leidenschaft und Herkommen in diesem Stücke nicht ab, so würden doch die Liebenden uns ohne Frage liebenswürdiger, und ihre Leidenschaft grossartiger

---

*) Als erschwerender Umstand kommt hier noch das unmündige Alter der Braut und wahrscheinlich auch des Bräutigams hinzu.

und deshalb imposanter erscheinen, wenn Romeo nach der Balconscene ohne weiteres zum Balcon hinaufstiege, als dass die Liebenden ihr Verlangen, das doch sonst so ganz mit ihnen durchgeht, bis nach stattgefundener Trauung zügeln. Hero und Leander fragen nach keiner Trauung. — dafür sind sie freilich auch Heiden. Auch dort ist der Entwickelungsgang der Liebe ein sehr stürmischer — und doch, wie zart und feinfühlig ist dort alles im Verhältniss zu dem plumpen Drauflosgehen der Liebhaberin Shakespeare's, mit dessen Bühnenverstand und dramatischem Genie sich freilich ein lyrisch-episches Talent wie Grillparzer nicht messen kann.

Ich kann es mir nicht versagen, hier eine lehrreiche Bemerkung des bühnenkundigen Laube über diejenige Stelle in „Des Meeres und der Liebe Wellen" anzuführen, mit welcher der Umschlag in Hero's Gemüth von jungfräulicher Ablehnung zu weiblicher Hingebung sich entscheidet und declarirt. „Wenn Hero auf Leander's Liebesdrängen unerwartet sagt: »Komm morgen!« — da lächelt in Wien das Publikum zustimmend, und findet die Dichtung reizend. Es begleitet eben vollkommen naiv die naive Dichtung. In der norddeutschen Stadt dagegen lacht das ganze Haus: es fasst die Worte Hero's moralisch auf, und findet sie überaus dreist. Das Lachen ist nahezu ein Auslachen und die poetische Stimmung ist zerrissen" (Grillparzer's Werke, Bd. V, S. 129). Es ist wahr, dass die fragliche Stelle einen starken Glauben an die kindliche Naivetät der Hero voraussetzt, und dass der Dichter besser gethan hätte, diesen einen Punkt zu mildern, was sehr leicht war. Aber im Vergleich zu demjenigen, was dem Zuschauer in „Romeo und Julia" zugemuthet wird, wiegt jener Anstoss federleicht. Es ist schlimm genug, dass das Publikum sich das unbefangene Urtheil durch die Autorität des auf dem Theaterzettel stehenden Namens „Shakespeare" völlig rauben, und so durch die Gewöhnung daran, das von Shakespeare Gebotene als mustergültig anzusehen, seinen Geschmack unvermerkt corrumpiren lässt.

In der Balconscene haben wir noch einen auffälligen Punkt zu bemerken, das ist die **Leichtigkeit**, mit welcher sowohl Romeo als Julia sich über die Anhänglichkeit an ihre eigne Familie und über den lebenslang eingesogenen Hass gegen die Familie des andern hinwegzusetzen. Wie Julia im Monolog sagt:

„Schwör' Dich zu meinem Liebsten,
Und ich bin länger keine Capulet,"

so antwortet Romeo auf ihre Frage, ob er nicht Romeo, ein Montague sei: „Nein, Holde; **keines, wenn es Dir missfällt**". Das Lossagen von der Familie und dem ganzen aristokratischen Familienbewusstsein sammt seinen eingewurzelten Traditionen erscheint beiden schon im ersten Augenblicke ihrer Bekanntschaft als etwas ganz Selbstverständliches, der Bruch mit der ganzen Vergangenheit und der bestimmten Einordnung in die socialen Verhältnisse als etwas sehr Gleichgültiges, kaum der Rede Werthes, das sich ohne jeden **Kampf** der Seele vollzieht und am allerwenigsten ein der Liebe gebrachtes **Opfer** zu involviren scheint. Wir können eine solche **gleichgültige** Zerreissung aller Bande der Familie und Gesellschaft nur als **leichtfertig** bezeichnen, zugleich aber als **gemüthlos**, insofern aus dem Fehlen jedes Seelenkampfes auf den gänzlichen Mangel an Pietät und Gemüthsanhänglichkeit für Eltern und Angehörige geschlossen werden muss. Bei Julia stimmt dieser Schluss mit dem schon oben aus andern Zeichen Gefolgerten, bei Romeo mit der auch sonst durch das ganze Stück zur Schau getragenen Gleichgültigkeit und Unbekümmertheit um seine Familie überein. Was mich aber bei dieser Sache am meisten Wunder nimmt, das ist, dass Shakespeare sich die Gelegenheit zur Darstellung des intensivsten und interessantesten Seelenkampfes zwischen Geschlechterhass und Geschlechtsliebe in seinen verschiedenen Erscheinungsformen im Gemüthe des Mannes und Weibes hat entgehen lassen, welche recht eigentlich den springenden Punkt eines Liebesdrama's zwischen Mitgliedern feindseliger Geschlechter hätte abgeben müssen, und dass er statt dessen sich damit begnügt hat, die Gegenwirkung der Familienfeindschaft auf ganz äusserliche Hemmnisse gegen die Wünsche der Liebenden zu beschränken. Anstatt letztere an den nach aussen projicirten Folgen des tieferen Widerstreits zwischen entgegengesetzten Trieben innerhalb ihrer Seelen zu Grunde gehen zu lassen, verflacht er die Handlung zu einem Intriguenkampf gegen die der Befriedigung des Affektes ungünstigen Umstände und Verhältnisse, und führt den tragischen Ausgang durch äusserliche Zufälligkeiten (Verzögerung eines Boten u. dergl.) herbei, die ebenso gut hätten anders ausfallen können, und dann das Stück zum Schauspiel gemacht hätten. Eine solche Benutzung des Zufalls ist aber nur in der Komödie, nicht in der Tragödie gestattet. Es ist nicht richtig, wenn man das verzwickte Ineinandergreifen von Zufälligkeiten in diesem Stück dadurch beschönigen zu können geglaubt hat, dass die sich selbst überstürzende Leidenschaft auch unter jeder andern Constellation zum tragischen Ausgang geführt haben würde; denn in der That kann man sich sehr mannichfaltige Combinationen und darunter sehr leichte Varianten des Zufalls denken, unter denen die Erhaltung beider Liebenden und ihre dauernde Vereinigung stattgefunden hätte; auch ist es, wie schon oben gezeigt, gar nicht die übergewaltige Kraft der Leidenschaft, sondern die Charakter-Schwäche des Romeo, welche, unfähig zur Bewältigung des kleinsten Hindernisses, sein und der Geliebten Geschick von vornherein in passiver Ekstase der Führung des Zufalls überlässt. In Grillparzer's tragischer Liebesdichtung ist von einem Zufall in diesem Sinne keine Rede; hier schmieden die Menschen sich wirklich selber ihr Schicksal mit Nothwendigkeit durch ihr rücksichtsloses actives Anstürmen gegen die Naturgesetze der Elemente und die Schranken der socialen Ordnung.

Werfen wir noch einen Blick auf den Monolog Julia's vor der Hochzeitsnacht und den Abschied nach derselben, so fällt in dem ersteren besonders der gänzliche Mangel an jungfräulicher Scheu und in letzterem wiederum der Mangel an Gemüth auf, der sich durch entliehene Concepte, durch conventionelle Bilder, die in den Tageliedern der Minnesängerzeit bereits zu Tode gehetzt waren, zu verdecken sucht. Wenn Shakespeare seinen Monolog nach dem Muster der damals üblichen Hochzeitsgedichte gebildet hat, so ist auch die grösste Herabmilderung der in jenen Hymenäen üblichen Anzüglichkeiten keine Entschuldigung dafür, dass er der Jungfrau, die unter Lossagung von Eltern und Verwandten den Todfeind ihres Hauses zum ersten Mal in ihrem Schlafgemach erwartet, nichts anderes als Phantasiebilder erhitzter Sinnlichkeit in den Mund zu legen weiss. Wenn irgendwo, so musste hier der Kampf zwischen Vergangenheit und Zukunft, zwischen altem und neuem Leben, zwischen Trauer um das Verlorene und Jubel über das Gewonnene, zwischen Furcht und Hoffnung sich abspiegeln. Das Reflectiren des Verstandes über den eignen sinnlichen Erregungszustand und die unschuldige Qualität der zu erwartenden sinnlichen Genüsse wäre bei einer lieblos vermählten und in späteren Jahren zum ersten Mal die Leidenschaft kennen lernenden Frau schon dramatisch bedenklich genug, bei einem unschuldig sein sollenden vierzehnjährigen Kinde ist es geradezu widerwärtig.

„... lehre mir
Ein Spiel (!), wo jedes reiner Jugend Blüthe
Zum Pfande setzt, gewinnend zu verlieren!
Verhülle mit dem schwarzen Mantel mir
Das wilde Blut, das in den Wangen flattert,
Bis scheue (?) Liebe kühner wird, und nichts
Als Unschuld sieht in inn'ger Liebe Thun.—
Ich kaufte einen Sitz der Liebe mir,
Doch ach, besass ihn nicht; ich bin verkauft,
Doch noch nicht übergeben. Dieser Tag
Währt so verdriesslich lang mir, wie die Nacht
Vor einem Fest dem ungeduld'gen Kinde,
Das noch sein neues Kleid nicht tragen durfte."

Es ist möglich, dass dies die Gedanken einer Italienerin vor der Hochzeitsnacht sind, die einer Deutschen oder modernen Engländerin sind es sicher nicht, am wenigsten in der precären Situation einer Julia.

Wie Julia vor dem Wendepunkte ihres Lebens sich als gemüthlos erweist, so auch nach demselben; denn sie weiss sich mit Romeo nichts anderes zu sagen, als dass beide das abgedroschene Witzspiel über Nachtigall und Lerche, Sonnen- oder Mondenschein uns nochmals auftischen. Wem in gewissen Situationen der Witz nicht ausgeht, der liefert damit den sichersten Beweis, dass er kein Gemüth hat. Die Tagelieder, denen diese Scene nachgebildet ist, stammen aus einer Zeit conventioneller höfischer Kunstdichtung, wo die Liebe selbst ein verkünsteltes Spiel der Eitelkeit und Phantasie war, das nach einem Codex conventioneller höfischer Regeln betrieben wurde; sie sind romanischen Ursprungs und für Deutschland und England stets importirte, wenn auch eifrig copirte, Waare geblieben. Wer wird im Ernste glauben, dass die Liebenden Nachtigall und Lerche oder Mond und Sonne verwechseln, oder durch ihre Behauptungen einander wirklich zu täuschen hoffen? Wenn aber keins von beiden annehmbar, so ist das ganze ein bewusstes Spiel der Phantasie mit leeren Hülsen tauben Witzes, die sie sich an Stelle des natürlichen Ausdrucks echter seelenvoller Innerlichkeit darbieten. Die deutschen Vertheidiger solcher Scenen wären zu entschuldigen, wenn wir in der heimischen Dichtung nichts besässen, woraus wir uns ein Beispiel entnehmen könnten, wie deutsches Gemüth und jungfräuliche Innigkeit sich äussert; aber für Leute die ihren Goethe gelesen haben, ist solche shakespearomanische Verblendung unentschuldbar. Im Allgemeinen giebt man bereitwillig zu, dass in diesem Stücke „der hochpathetischen, schwülstig-tiefsinnigen Ausdrücke und gezwungenen Bilder mehr vorkommen als in den meisten andern Werken Shakespeare's" (Gervinus I, 258), und erklärt dies richtig theils durch des Dichters Jugend, theils durch die von Concepten und Antithesenwerk strotzende nächste Quelle (das Gedicht von Brooke); im Besondern aber bemüht man sich nichts desto weniger, die geschmacklosen und anstössigen Scenen und Stellen als Wunderwerke der Poesie weiss zu waschen.

Wir müssen nach diesen Betrachtungen die Frage, ob „Romeo und Julia" noch als dramatische Verkörperung unsres Ideals der Liebe angesehen werden könne, entschieden verneinen. Othello ist uns noch heute das Drama der Eifersucht, Macbeth noch heute die Tragödie des Ehrgeizes, aber Romeo und Julie nicht mehr das Drama der Liebe. Die Ursachen hierfür liegen theils in dem bebedenklichen Ton, der den Verkehr der Geschlechter im England Shakespeare's beherrschte, theils in der Beschaffenheit der Quelle, welche ihren nationalen italienischen Charakter in keinem Punkte verleugnet. Wir sind einerseits in unserer Auffassung der Liebe über die Zeit Shakespeare's hinausgeschritten und haben unsre Gefühlsweise verfeinert und vertieft; andrerseits sind wir nicht Romanen sondern Germanen, nicht Italiener sondern Deutsche, und haben als solche ein wesentlich anderes Ideal der Liebe, ein anderes Ideal des Mannes und ein anderes des Weibes. Die romanische Liebe geht in einer durch Phantasie und Esprit veredelten Sinnlichkeit auf, die deutsche ruht vor Allem in den Tiefen des Gemüths, für das die Romanen nicht einmal ein Wort haben. Von dem deutschen Manne verlangen wir in allererster Reihe Männlichkeit, eine geschlossene, ihrer selbst bewusste ruhige Kraft; der Romane scheut den hiermit leicht verbundenen schwerfälligen Ernst und begnügt sich statt eines echten Mannes gern mit einem Cavalier von noblesse und générosité. Von der Jungfrau erwarten wir unbedingt, wenn nicht von vornherein der Erscheinung aller Duft und Schmelz abgestreift sein soll, weibliches Zartgefühl, an dessen reservirte Feinfühligkeit wir ziemlich hohe Ansprüche stellen; dem Romanen erscheint die vorwiegend receptive und passive Beschaffenheit unseres Frauenideals leicht als zimperliche Langweiligkeit, er verlangt vielmehr feurige Phantasie, hinreissenden Schwung und reizende Ueppigkeit. Romeo und Julia entsprechen mithin ziemlich wohl den romanischen Idealen, aber sie contrastiren auf das Schroffste mit den deutschen. Die erste Seite dieser Thatsache wird für unser kosmopolitisches Interesse genügen, um das Stück auch trotz seiner dramatischen Mängel und trotz der Fremdartigkeit seines Inhalts mit um so ungetrübterem Genusse stets von Neuem zu lesen und mit anzusehen, je deutlicher wir uns ein für allemal die Heterogeneität der dargestellten Empfindungen mit den unsrigen zum Bewusstsein gebracht haben, und je weniger wir deshalb an dieser einmal klar begriffenen Fremdartigkeit noch Anstoss zu nehmen geneigt sind.

Bei alledem bleibt die Frage offen, wie Shakespeare in seiner sonst echt germanischen Gefühlsweise dazu kam, das Problem der Liebe, das einzige Mal, wo er es zum Mittelpunkt einer Tragödie machte, nicht nur nach einer romanischen Quelle, sondern auch wesentlich im romanischen Sinne zu behandeln. Wenn wir mit Recht überzeugt sein dürfen, dass unser modernes deutsches Ideal der Liebe das tiefere, feinere und edlere ist, so muss man darüber stutzen, dass Shakespeare sich mit der Darstellung einer niedrigeren Entwickelungsstufe dieser Idee begnügte, wie dieselbe sich in einem ihm fremden Nationalcharakter entfaltet und befestigt hatte. Für einen Dichter zweiten oder dritten Ranges würde zur Rechtfertigung vielleicht der Hinweis darauf genügen, dass die Geschlechtsliebe in England zur Zeit der Elisabeth sich im Durchschnitt von den romanischen Zuständen wohl nicht so sehr wie jetzt unterschied; indessen ein Dichtergenius ersten Ranges soll und kann sich über die durchschnittliche Denk- und Empfindungsweise seiner Umgebung mindestens um eine Stufe erheben, und Shakespeare selbst hat nach andern Richtungen die glänzendsten Beweise für diese Möglichkeit geliefert. Wenn er gerade in der Sphäre der Geschlechtsliebe diese Verfeinerung und Vertiefung des Zeitgeschmacks unterlassen hat, so kann der Grund dafür nur in einem bestimmten Mangel seiner natürlichen Veranlagung und geistigen Entwickelung gesucht werden, in einem mangelnden Verständniss für das Verhalten edler Weiblichkeit und Jungfräulichkeit bei dem Keimen, Wachsen und Blühen der Geschlechtsliebe. Er hat uns die schönsten Bilder zartfühlender Weiblichkeit in den verschiedensten Lebensbeziehungen zu zeichnen gewusst: die treue Gattin in Desdemona und Imogen, die zärtliche Tochter in Cordelia, die Patriotin und Mutter in Volumnia; nur die Art wie das edle Weib dazu gelangt, sich dem Manne hinzugeben, hat er nicht nach unserm Geschmack zur Erscheinung zu bringen vermocht. (Wie abstossend erscheint uns nicht die Desdemona, die mit dem ältlichen Mohren davonläuft, im Vergleich zu der durch Misstrauen gekränkten Unschuld in den letzten Akten!) Es ist eine Forderung der Gerechtigkeit, den gerade in diesem Punkte so weit vorgeschrittenen Leistungen unserer Dichter gegenüber diese schwache Seite des vielfach überschätzten Briten energisch zu betonen, aus welcher allein Verirrungen begreiflich werden, wie die abscheuliche Werbescene Richard's III., die uns wie ein dem ganzen weiblichen Geschlecht in's Angesicht geschleuderter bitterer Hohn vorkommt.

Druck von Metzger & Wittig in Leipzig.

Verlag von **Joh. Fr. Hartknoch** in Leipzig.

DIE GALLICISMEN
in der deutschen Schriftsprache
mit besonderer Rücksicht
auf unsere neue schönwissenschaftliche Literatur.
Von
Prof. Dr. Brandstäter.
Eleg. geh. Preis 1 Thlr. 20 Sgr.

Seit Jahrzenten trug sich der Verfasser mit dem Plane zu diesem Werke, das den Kampf aufnimmt gegen die in unserer Literatur noch immer sich breit machenden, unseren gallischen Nachbarn entlehnten Wörter und Redensarten. Das Werk ist ein patriotisches Unternehmen im besten Sinne des Wortes, und wird wegen des in demselben niedergelegten enormen Wissens sich die verdiente Anerkennung erringen; doch ist es keineswegs nur für Fachgelehrte bestimmt, sondern bietet jedem wahrhaft Gebildeten einen hochinteressanten Lesestoff.

Das
Wesen des deutschen Rhythmus.
Beitrag zur deutschen Verslehre
von
RODERICH BENEDIX.
Preis 20 Sgr.

DEUTSCHE DICHTER.
Erläutert von
Dr. M. W. Götzinger.
Zwei Bände. Fünfte verb. Auflage.
Preis 6 Thlr.

Dichtersaal.
Auserlesene deutsche Gedichte.
Nach den Dichtern geordnet und herausgegeben
von
Dr. Max W. Götzinger.
Siebente Auflage, durchgesehen und wesentlich vermehrt durch
Dr. Ernst Götzinger,
Professor an der Kantonsschule in St. Gallen.
Preis eleg. br. 1 1/3 Thlr.
In eleg. Leinwandband 1 Thlr. 17 1/2 Sgr.

Verlag von Joh. Fr. Hartknoch in Leipzig.

Culturbilder aus Hellas und Rom.

Von Dr. Herrmann Göll,
Professor und Prorector am Gymnasium zu Schleiz.

Zweite berichtigte und vermehrte Auflage.

3 Bände. gr. 8. Eleg. brosch. 3 Thlr. 18 Sgr., eleg. geb. 4 Thlr.

Eines der empfehlenswerthesten Werke für gebildete Leser, welches schon beim Erscheinen der ersten Auflage in allen hervorragenden Blättern und Zeitschriften die ehrendste Anerkennung und unbeschränktes Lob gefunden.

Durch alle Buchhandlungen und Postanstalten ist zu beziehen:

Deutsche Dichterhalle.
Organ für lyrische Dichtkunst und Kritik.

Redacteur: Oskar Blumenthal.

Monatl. 2 Nummern. Vierteljährl. Pränumerationspreis 12½ Sgr.

Mitarbeiter: **Carl Beck, Wilhelm Buchholz, Ernst Eckstein, Emanuel Geibel, Julius Grosse, Carl Gutzkow, Robert Hamerling, Eduard von Hartmann, Gottfried Kinkel, Hermann Kletke, Albert Lindner, Hermann Lingg, Hieronymus Lorm, A. Meis, Adolf Pichler, Julius Rodenberg, Ad. Fr. von Schack, Carl Stelter, Julius Sturm, Adolf Wilbrandt, Feodor Wehl, Carl Zettel** und viele andere hervorragende Dichter und Feuilletonisten.

Die „Deutsche Dichterhalle" bringt in ihrem **poetischen Theil** nur **auserlesene Original-Beiträge** und bietet somit einen ungleich werthvolleren Inhalt, als die meisten lyrischen Anthologien: Jeder Jahrgang des Blattes ist ein **poetischer Hausschatz**, der an Mannichfaltigkeit und Reichthum die meisten ähnlichen Unternehmungen übertreffen dürfte.

Der feuilletonistische Theil enthält geistvolle Plaudereien von unseren besten Schriftstellern, populär gehaltene kunstwissenschaftliche Untersuchungen, satyrische Aufsätze aus der piquanten Feder des Redacteurs und ein interessantes Allerlei von vermischten Mittheilungen, literaturgeschichtlichen Fragen und Antworten, fesselnden Kritiken und Antikritiken. Specialitäten der „Dichterhalle" sind: 1) der Briefkasten, der wegen seines schlagenden Witzes allgemeiner Beliebtheit sich erfreut, und 2) der „offene Sprechsaal", worin allen Lesern vollständige Redefreiheit gegönnt ist, um über die im Blatte selbst abgedruckten Erzeugnisse ihre Meinung zu äussern.

Die „Dichterhalle" bildet daher eine in ihrer Art concurrenzlose **Ergänzung** unserer grossen belletristischen Unterhaltungsblätter — und ist mit Einmüthigkeit und Begeisterung von der deutschen Presse begrüsst worden.

Carl Gutzkow sagt darüber:
„In der „Dichterhalle" glaubt man bei jedem Gedichte Täfelchen mit Linne'schen Nummern und Namen zu sehen, wie in einem botanischen Garten, wo es so schön zu wandeln ist, fern vom Strassenstaub, und wo man überall von Belehrung umgeben ist, neben dem Genuss. Kurz, während uns selbst unsere belletristischen Blätter, die illustrirten, von nichts als Unfehlbarkeit, Darwin, Entwickelungslehre, Affentheorie, Kriegslärm unterhalten, ist wieder ein Journal entstanden, das sich rein der Idealität widmet."